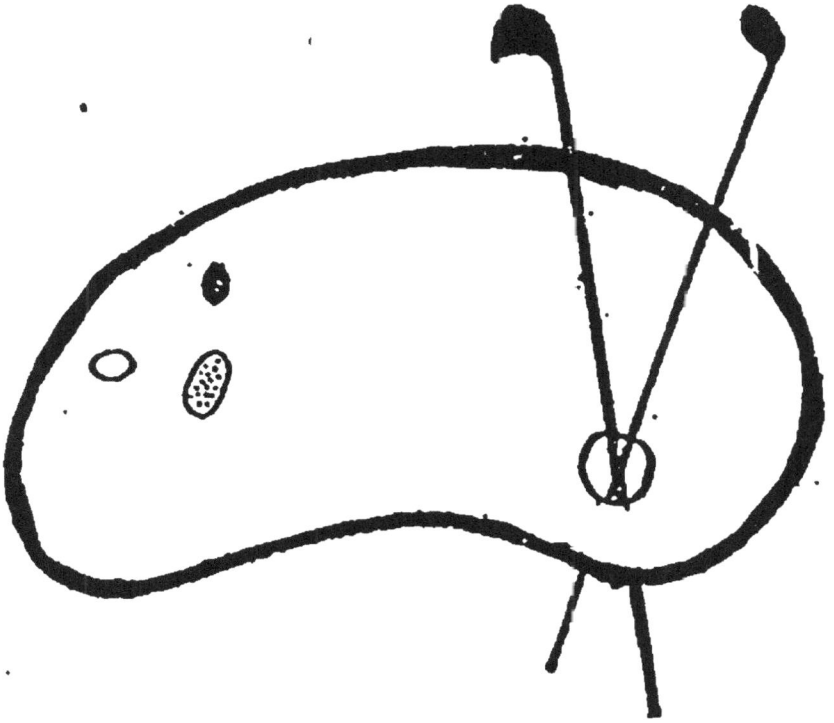

GEORGES COURTELINE

UN

Client sérieux

COMÉDIE EN UN ACTE

DEUXIÈME ÉDITION

PARIS

P.-V. STOCK, ÉDITEUR

(Ancienne Librairie TRESSE & STOCK)

8, 9, 10, 11, GALERIE DU THÉATRE-FRANÇAIS

PALAIS-ROYAL

1900

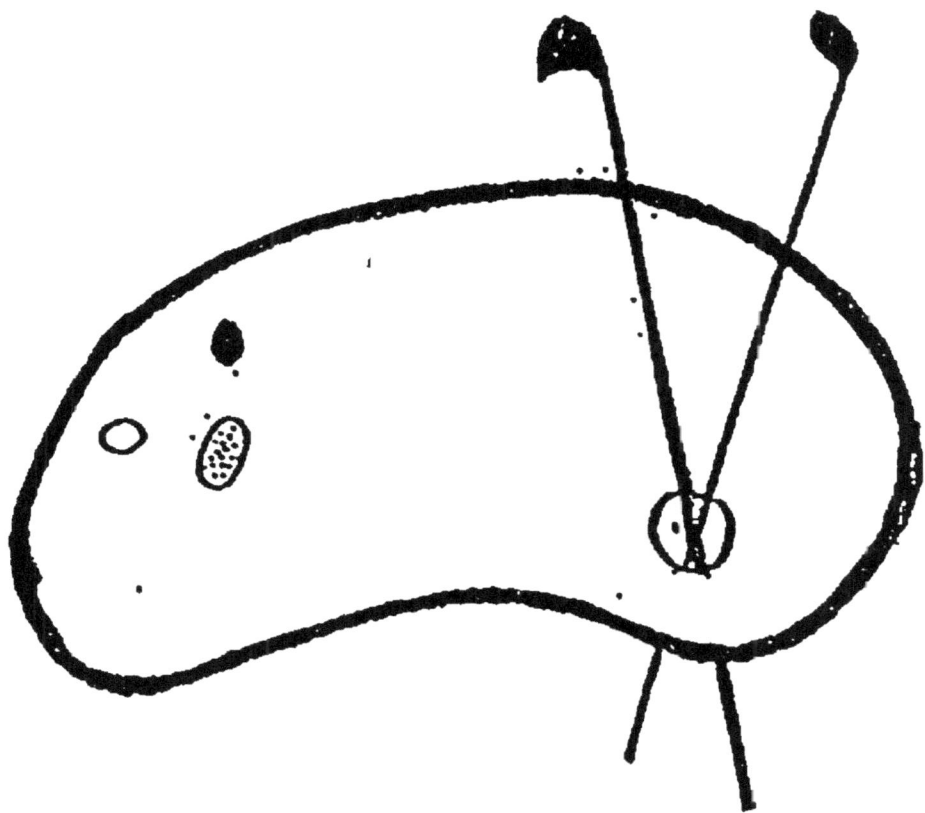

FIN D'UNE SERIE DE DOCUMENTS
EN COULEUR

UN CLIENT SÉRIEUX

COMÉDIE EN UN ACTE

*Représentée pour la première fois au théâtre du Carillon,
le 24 août 1896.*

DU MÊME AUTEUR

ROMANS ET NOUVELLES

Ah! jeunesse. Un volume in-18.
Boubouroche. Un petit volume in-42.
Le 51ᵉ Chasseurs. Un petit volume in-32.
Un Client sérieux. Un vol. in-32.
Les Facéties de Jean de la Butte. Un petit volume in-32.
Les Femmes d'amis. Un volume in-18.
Les Gaîtés de l'Escadron. Un volume in-18.
Lidoire et la Biscotte. Un volume in-18.
Madelon, Margot et Cⁱᵉ. Un petit volume in-32.
Messieurs Les Ronds de Cuir. Un volume in-18.
Ombres parisiennes. Un petit volume in-32.
Potiron. Un volume in-18.
Le Train de 8 h. 47. Un volume in-18.
La Vie de caserne. Un volume in-8ᵉ.

THÉATRE

Boubouroche, comédie en deux actes.
Les Boulingrin, vaudeville en un acte.
Un Client sérieux, comédie en un acte.
Le Droit aux étrennes, comédie en un acte.
Gros chagrins, saynète.
Hortense, couche-toi! saynète.
Une lettre chargée, saynète.
Lidoire, comédie en un acte.
Monsieur Badin, saynète.
La Peur des coups, comédie en un acte.
Théodore cherche des allumettes, un acte.
La Voiture versée, comédie en un acte.

ÉMILE COLIN — IMPRIMERIE DE LAGNY

GEORGES COURTELINE

UN

Client sérieux

COMÉDIE EN UN ACTE

— DEUXIÈME ÉDITION —

PARIS

P.-V. STOCK, ÉDITEUR

(Ancienne librairie TRESSE & STOCK)

8, 9, 10, 11, GALERIE DU THÉATRE-FRANÇAIS

PALAIS-ROYAL

1898

A

TERVIL

Avec tous les remerciements

de ma reconnaissante

amitié.

G. C.

PERSONNAGES

BARBEMOLLE . . . .   B. MILLANVOYE.

LAGOUPILLE ET ~~MAPIPE~~ . . . .   TERVIL.

LE PRÉSIDENT . . . .   HUGUES DELORME.

LE SUBSTITUT . . . .   JELMO.

M. ALFRED . . . .   R. LAGRANGE.

L'HUISSIER . . . .   NARDEAU.

1ᵉʳ ASSESSEUR.

2ᵉ ASSESSEUR.

UN CLIENT SÉRIEUX

Entrée de l'huissier, qui monte les gradins de l'estrade du tribunal et dispose les dossiers sur la tribune réservée aux juges. Presqu'aussitôt, arrivée du substitut. Il est en bourgeois. Il a sa serviette sous le bras et son chapeau sur la tête.

SCÈNE PREMIÈRE

L'HUISSIER, LE SUBSTITUT

L'HUISSIER

Monsieur le substitut, j'ai l'honneur de vous présenter mes hommages.

LE SUBSTITUT

Bonjour, Loyal. Vous avez *l'Officiel?*

L'HUISSIER

Non, monsieur le substitut.

LE SUBSTITUT

Depuis ce matin, je bats tous les kiosques de Paris; pas moyen de mettre la main dessus.

L'HUISSIER

Ça ne m'étonne pas; il ne sera mis en vente qu'à midi. C'est dans *Le Matin*, en dernière heure

LE SUBSTITUT

Il est arrivé quelque chose?

L'HUISSIER

Un accident comme on allait mettre sous presse. Toute une forme en pâte.

LE SUBSTITUT

Charmant!... Ces choses-là sont faites pour moi. Enfin!... Pensez à me l'envoyer acheter aussitôt qu'il sera mis en vente.

L'HUISSIER

Comptez sur moi.

LE SUBSTITUT

J'ai hâte de voir les nouvelles.

L'HUISSIER

Vous êtes décoré?

LE SUBSTITUT

Décoré?... C'est-à-dire que je suis sacqué, probablement.

L'HUISSIER, *abasourdi.*

Non?

LE SUBSTITUT

Je vous dis qu'à moins d'un hasard, mon arrêté de révocation a dû être soumis ce matin à la signature présidentielle.

L'HUISSIER

Qu'est-ce qui se passe?

LE SUBSTITUT

Il se passe que, depuis huit jours, *l'Intransigeant* mène contre moi une campagne.

L'HUISSIER

A cause?

LE SUBSTITUT

A cause que le cousin du gendre du beau-frère de ma belle sœur a décidé sa tante à mettre son filleul aux Jésuites de Vaugirard.

L'HUISSIER

Zut !...

LE SUBSTITUT

J'en suis comme un fou, je vous dis... D'ailleurs, je sais de qui vient le coup.

L'HUISSIER

De qui ?

LE SUBSTITUT

De Barbemolle, parbleu ! Misérable plaidaillon, avocat sans cause, canaille ! Voilà des mois que je le surveille, que j'assiste, sans souffler mot, à son petit travail de termite. Pistonné par les radicaux au Ministère de la Justice, il a obtenu du Garde des Sceaux la promesse d'être nommé substitut à Paris, dès que se produira une vacance. Alors, il fait tout ce qu'il peut pour faire un trou au Parquet !

L'HUISSIER, *qui a mal compris.*

Il veut faire un trou au parquet ?

LE SUBSTITUT

Oui.

L'HUISSIER

Pour regarder ce qui se passe ?

LE SUBSTITUT

J'ai de la peine à me faire comprendre. Je ne vous dis pas au parquet ; je vous dis au Parquet ! Le Parquet !... Vous ne savez pas ce qu'on appelle Le Parquet ?

L'HUISSIER

Ah ! pardon !

LE SUBSTITUT, *très nerveux.*

Polisson ! Mendiant ! Non, mais qu'il l'ait jamais, ma place ! J'ai des amis au *Figaro,* je lui ferai savoir comment je m'appelle, vous verrez si ça traînera.

L'HUISSIER

Vous aurez rudement raison. Silence, le voici.

LE SUBSTITUT, *entre ses dents.*

Pied plat ! Drôle ! Ah ! et puis j'aime mieux m'en aller. Je serais fichu de faire des bêtises. (*Il descend de l'estrade et se dirige vers la droite. Barbemolle, en robe et en toque, vient justement du même côté. Les deux hommes se croisent et se saluent avec une extrême froideur.*) Monsieur !... Monsieur !... (*Sortie du substitut.*)

SCÈNE II

BARBEMOLLE, L'HUISSIER

BARBEMOLLE, *serrant la main à l'huissier.*

Ça va bien ?

L'HUISSIER

Eh ! Eh ! mon gaillard.

BARBEMOLLE

Qu'est-ce qu'il y a ?

L'HUISSIER

On sait de vos histoires.

BARBEMOLLE

Quelles histoires ?

L'HUISSIER

On veut donc chiper sa petite place à ce bravo monsieur de St-Paul-Mépié ?

BARBEMOLLE

Mais non, mais non !

L'HUISSIER

Sournois !... On dit que le décret a été soumis ce matin au Président de la République.

BARBEMOLLE

Des blagues, tout ça; des potins !... Tenez, passez-moi donc la feuille. (*L'huissier lui donne la feuille d'audience qu'il est allé chercher sur le bureau du tribunal.*) — Comment, deux affaires au rôle?

L'HUISSIER

Mon Dieu, oui.

BARBEMOLLE

Ah ça ! on n'arrête plus personne ! C'est le krack des prévenus, ma parole d'honneur.

L'HUISSIER

Peut-être que le monde s'améliore.

BARBEMOLLE

Ne dites donc pas de choses pareilles. Qu'est-ce que nous deviendrions, nous autres?

L'HUISSIER

C'est vrai, je ne pensais pas à ça.

BARBEMOLLE

Encore vous, les huissiers...

L'HUISSIER

Oh! nous, nous sommes tranquilles; tant que le monde sera monde, il y aura des honnêtes gens et nous trouverons à gagner notre vie en instrumentant contre eux.

BARBEMOLLE, *égayé.*

Gredin !

L'HUISSIER, *même jeu.*

Canaille !

BARBEMOLLE, *lui tapant sur le ventre.*

Voleur !

L'HUISSIER, *même jeu.*

Fripouille ! (*Ils rient.*)

LAGOUPILLE, *dans l'auditoire.*

Pour être jugé ?

SCÈNE III

LES MÊMES, LAGOUPILLE

L'HUISSIER

C'est ici. Qu'est-ce que vous voulez ?

LAGOUPILLE

Je suis cité. (*Il montre sa citation.*)

L'HUISSIER

Approchez un peu que je voie !

BARBEMOLLE, *bas à l'huissier.*

Tâchez de me faire avoir l'affaire ?

L'HUISSIER, *bas.*

Laissez ! Je vas vous enlever ça.

LAGOUPILLE, *qui a escaladé l'estrade du tribunal.*

V'là mon petit papier.

L'HUISSIER, *lisant.*

Euh ! Euh ! Euh ! « Lagoupille, Oscar, Ildefonse ». C'est bien ! Allez vous asscoir ! Ah ! Lagoupille !... (*Lagoupille, qui avait fait volte-face, se retourne.*) Vous avez un avocat ?

LAGOUPILLE

Non. Je n'en ai pas.

L'HUISSIER

Il faut vous en procurer un.

LAGOUPILLE

Vous croyez ?

L'HUISSIER

C'est indispensable.

LAGOUPILLE

Où que ça s'vend ?

L'HUISSIER

Vous avez de la chance. Voici maître Barbemolle, une des lumières du barreau !

LAGOUPILLE, *qui s'incline devant Barbemolle.*

Monsieur !

BARBEMOLLE, *assis au banc de la défense et plongé dans la lecture de dossiers fantaisistes.*

Bonjour.

L'HUISSIER

Maître Barbemolle, je vous présente un client.

BARBEMOLLE, *très net.*

Impossible ! mille regrets !

L'HUISSIER

Pourquoi ?

BARBEMOLLE

Je suis trop occupé. J'ai de la besogne par-dessus la tête.

L'HUISSIER

Un bon mouvement, sacristi.

BARBEMOLLE

Non.

L'HUISSIER, *suppliant.*

Faites-le pour moi !

BARBEMOLLE

Le diable vous emporte, mon cher ! C'est bien pour vous être agréable ! (*A Lagoupille.*) De quoi s'agit-il, mon garçon ?

LAGOUPILLE

Monsieur, je vais vous expliquer. C'est un bon-homme à qui j'ai mis un marron. Alors, il me fait un procès.

L'HUISSIER

C'est intéressant à plaider.

BARBEMOLLE, *rêveur.*

Oui !... Le cas est assez nouveau ; ça me décide. C'est entendu, je me charge de votre affaire.

LAGOUPILLE

Parfait ! Qu'est-ce que ça va me coûter ?

BARBEMOLLE

En principe, je ne plaide pas à moins de cinq cents francs ; mais vous avez une figure qui me re-vient, vous me faites l'effet d'un brave homme ; pour vous ce sera un louis.

LAGOUPILLE

Un louis ! (*Montrant son chapeau de paille.*) Mais,

monsieur, voilà un chapeau qui ne me coûte que trente-neuf sous.

BARBEMOLLE

Quel rapport ça a-t-il ?

LAGOUPILLE

Le rapport que je n'irai pas payer un louis pour avoir un avocat, quand je peux avoir un chapeau pour un franc quatre-vingt-quinze.

BARBEMOLLE

Enfin, combien offrez-vous ?

LAGOUPILLE

Six francs. Pas un liard de plus.

BARBEMOLLE

Mettez-en dix.

LAGOUPILLE

Nib !

BARBEMOLLE

Mettez-les, et je vous arrange votre bonhomme, vous m'en direz des nouvelles.

LAGOUPILLE, *séduit, à l'huissier.*

Sans blague ?

L'HUISSIER

Marchez donc, eh ! farceur ! Puisque je vous dis que Me Barbemolle est une des lumières du barreau.

LAGOUPILLE, *décidé.*

Allez ! Rossard qui s'en dédit.

BARBEMOLLE

Faites passer la galette !... (*Lagoupille s'exécute.*) Merci ! (*Coup de sonnette.*)

L'HUISSIER

Le tribunal entre en séance ! (A *Lagoupille.*)
Filez ! filez !

LAGOUPILLE

Où faut-y que j'aille ?

L'HUISSIER, *lui indiquant une place dans la salle.*

Là-bas ! Il y a une place vacante. Je vais vous
appeler dans une minute. (*Entrée du tribunal.*)

SCÈNE IV

LES MÊMES, LES MAGISTRATS

L'HUISSIER

Le tribunal ! (*Les magistrats, solennellement, se
rendent à leurs places respectives.*)

LE PRÉSIDENT

L'audience est ouverte. (*A ce moment, le juge de
droite se penche vers lui et lui parle à l'oreille.*)
Très bien, mon cher, c'est entendu. — Messieurs,
notre collègue Tirmouche, appelé à Pithiviers par
d'impérieux devoirs et esclave de l'heure du train,
sollicite la remise à huitaine de la première des
deux affaires soumises à notre juridiction. (*Le juge
de gauche opine de la tête.*)

LE SUBSTITUT, *que le président a interrogé du
regard.*

Ça fera la quatrième remise.

LE PRÉSIDENT

Je le regrette infiniment, mais que voulez-vous
que j'y fasse ? De quoi s'agit-il au juste ?

LE SUBSTITUT, *consultant le dossier.*

C'est une espèce de farceur qui a été arrêté le dimanche des Rameaux devant Notre-Dame-de-Lorette, vendant du cresson pour du buis.

LE PRÉSIDENT

Ça peut attendre. — Appelez, huissier !

L'HUISSIER, *appelant.*

Le ministère public contre Jean Paul Mapipe. Mapipe ! (*Entre Mapipe !*)

SCÈNE V

LES MÊMES, MAPIPE

MAPIPE

Un avocat ! Un avocat !

LE PRÉSIDENT

Eh ! là ! Eh ! là ! Pas tant de bruit, s'il vous plaît !

MAPIPE

Trois remises, messieurs et dames !... Trois remises !... Un mois que je suis en prévention !

LE PRÉSIDENT

Taisez-vous ! Quant à un avocat...

MAPIPE

Et remarquez que je l'avais fait bénir !... C'était du cresson bénit.

LE PRÉSIDENT

Quant à un avocat !...

MAPIPE

Du cresson bénit, c'est pus comme de la salade.

LE PRÉSIDENT

Quant à un avocat, dis-je, le tribunal va vous en désigner un d'office. — Maître Barbemolle !

BARBEMOLLE, *se levant.*

Monsieur le Président ?

LE PRÉSIDENT

Le tribunal, rendant hommage à vos mérites ainsi qu'à votre éloquence, vous charge des intérêts et de la défense du prévenu. (*Barbemolle salue.*)

LE PRÉSIDENT

Le renvoi à plus tard qu'a sollicité de nous l'honorable M. Tirmouche, vous mettra en mesure d'étudier l'affaire avec tout le soin qu'elle mérite. — Mapipe !

MAPIPE

Qu'est-ce qu'il a fait, Mapipe ?

LE PRÉSIDENT

J'ai une nouvelle à vous apprendre. Des circonstances indépendantes de sa volonté ont déterminé le tribunal à ne pas vous entendre aujourd'hui. L'affaire est remise à huitaine.

MAPIPE

Encore !... Une quatrième remise ! Ah ça ! vous vous payez ma gueule !

LE PRÉSIDENT, *à Barbemolle.*

Maître, dans son intérêt même, engagez donc votre client à s'exprimer d'une façon plus convenable.

BARBEMOLLE

Je sollicite l'indulgence en faveur de ce pauvre diable. Voilà un mois qu'il est sous... (*Il laisse échapper sa serviette et se baisse pour la ramasser.*)

MAPIPE, *prenant l'auditoire à témoin.*

Moi ? Je suis saoul ?...

BARBEMOLLE, *achevant sa phrase.*

... sous les verrous, et son impatience légitime en dit plus long pour sa défense que tous les arguments du monde. Au surplus, nous sommes, lui et moi, aux ordres du tribunal. Je me bornerai à faire remarquer qu'il me sera impossible de prendre la parole d'aujourd'hui en huit; je pars lundi pour Carcassonne où je plaide le procès Baloche.

LE PRÉSIDENT

Fort bien, maître. A quinzaine, alors.

L'HUISSIER, *dans l'auditoire, sa toque à la main.*

Je ferai remarquer à mon tour, que, dans quinze jours, ce sera la semaine de la Pentecôte, pendant laquelle les tribunaux ne siègent pas.

LE PRÉSIDENT

Ah! Diable!... (*Courte réflexion.*) Ma foi, messieurs, nous n'y pouvons rien. A trois semaines!

LE JUGE FOY DE VAUX, *avec douceur.*

Non!

LE PRÉSIDENT, *surpris*

Pourquoi?

LE JUGE FOY DE VAUX

J'ai sollicité et obtenu du Garde des Sceaux un

congé de deux mois pour raisons de santé. Or, la loi frappe de nullité tout jugement rendu par un tribunal composé d'autres magistrats que ceux ayant siégé à la première audience.

LE PRÉSIDENT

C'est rigoureusement exact. Eh bien, mon cher collègue, nous attendrons votre retour pour statuer sur l'affaire Mapipe.

MAPIPE

Ce qui nous renvoie en août.

LE PRÉSIDENT

Oui !... Et encore non; je me trompe. Août c'est l'époque des vacances.

BARBEMOLLE

Renvoyons après vacations.

LE SUBSTITUT

Il n'y a que ça à faire.

LE PRÉSIDENT

Mon Dieu, oui ! (*Consultant ses assesseurs.*) Hé? Hé? (*Haut.*) Après vacation !... Emmenez, gardes !

MAPIPE, *emmené par les municipaux.*

Cré bon Dieu de bonsoir de bon Dieu de vingt dieu de bon Dieu de sacré nom de Dieu du tonnerre de Dieu de bon Dieu! (*Sa voix se perd.*)

BARBEMOLLE

Voyons, Mapipe ! Voyons Mapipe ! Ne vous faites donc pas de bile comme ça... Est-ce que je m'en fais, moi ?

SCÈNE VI

Les mêmes, moins MAPIPE

LE PRÉSIDENT

Terrible braillard!

LE SUBSTITUT

En effet!

LE PRÉSIDENT

Ça ne fait rien, voilà une question tranchée.
Nous allons passer sans plus de délai à l'examen
de la seconde affaire.

LE SUBSTITUT

Avant d'en commencer les débats, je prierai
monsieur le Président de vouloir bien demander à
l'huissier s'il m'a envoyé acheter *l'Officiel!*

LE PRÉSIDENT, *à l'huissier.*

Vous avez entendu la question?

L'HUISSIER, *au substitut.*

Pas encore, monsieur le substitut; je vais y envoyer à l'instant même le municipal de garde.

LE SUBSTITUT

Je vous serai obligé.

LE PRÉSIDENT, *au substitut.*

Vous n'avez pas besoin d'autre chose?

LE SUBSTITUT

Non, monsieur le Président, merci!

LE PRÉSIDENT

Alors nous pouvons commencer. Huissier,
appelez.

L'HUISSIER

Lagoupille !

LAGOUPILLE, *dans l'auditoire.*

Lagoupille ? Présent !

L'HUISSIER

Alfred !

ALFRED, *dans l'auditoire.*

C'est moi !

L'HUISSIER

Approchez ! (*A Lagoupille.*) Passez devant !

LAGOUPILLE

Merci bien, monsieur l'huissier ; je me souviendrai comme vous avez été poli avec moi. Quant à vous, monsieur Alfred, vous vous conduisez comme un cochon. Et ça, il n'y a pas d'erreur. C'est un galant homme qui vous le dit.

LE PRÉSIDENT

Qu'est-ce qu'il y a donc, là-bas ?

LAGOUPILLE

Il y a que monsieur Alfred se conduit comme un cochon.

LE PRÉSIDENT

Vous, vous allez commencer par vous taire. Vous répondrez quand on vous questionnera.

ALFRED

Bravo ! C'est trop fort, ça, aussi, d'être insulté par une canaille.

LAGOUPILLE

Une canaille !

LE SUBSTITUT

Je vais être obligé de sévir.

ALFRED, *à Lagoupille.*

Ah! vous entendez !

LE SUBSTITUT

Contre vous !

LAGOUPILLE

Ça, c'est tapé.

LE PRÉSIDENT

On ne vous demande pas votre avis

ALFRED

On a rudement raison.

LE SUBSTITUT

Ni le vôtre non plus.

LAGOUPILLE

Très bien.

LE PRÉSIDENT

Silence, Lagoupille !

LAGOUPILLE

Je ne dis rien.

ALFRED

On n'entend que lui.

LE PRÉSIDENT

Alfred, voulez-vous vous taire ?

ALFRED

C'est ce que je fais.

LAGOUPILLE

On ne le dirait pas.

LE PRÉSIDENT

Huissier !

L'HUISSIER

Monsieur le Président ?

LE PRÉSIDENT

Le premier de ces deux hommes qui ouvre encore la bouche, flanquez-le-moi à la porte.

LAGOUPILLE *et* ALFRED

Ça sera rudement bien fait.

LE SUBSTITUT

Nous n'en sortirons pas.

ALFRED

Est-ce que ça me regarde, moi? Il ne manquerait plus que cela qu'on me flanque à la porte parce que M. Lagoupille s'obstine à vouloir parler quand on lui a dit de se taire.

LAGOUPILLE

Mais, monsieur, ça n'est pas moi; on me dit de me taire, je me tais. C'est M. Alfred qui dit comme ça que l'huissier fera bien de me flanquer à la porte, si je ne veux pas fermer mon seau de propreté.

(Ensemble.)

(A ce moment.)

ALFRED

Tenez, l'entendez-vous? et patati et patata. Et je t'en dis et je t'en raconte! Quelle pie borgne, bon Dieu! une vraie pipelette!

L'HUISSIER

Vous avez entendu ce que vient de dire M. le Président. Si vous ne vous taisez pas, je vais vous faire sortir!

LAGOUPILLE

C'est un peu raide, ça, aussi, et le plus chouette c'est que c'est lui qui ne veut pas fermer le sien.

(Ensemble.)

(Puis.)

ALFRED

Vrai, alors, celui qui lui a coupé le filet ne lui a pas volé ses quatre sous. Ça, on peut le dire, ce n'est pas pour me vanter, mais j'ai connu dans ma vie bien des moulins à paroles ; je veux être changé en saucisse plate si j'ai jamais vu le pareil. Il ne se taira pas, je vous dis qu'il ne se taira pas ! Il parlera comme ça jusqu'à demain.

LAGOUPILLE

Vous direz ce que vous voudrez, mais on n'a pas idée de ça en province. Un homme qui se conduit avec moi comme le dernier des cochons, et qui me fait engueuler par-dessus le marché ! Comment trouvez-vous le bouillon ? Zut, alors ! C'est épatant ! A c't'heure, c'est moi qu'on engueule, et c'est lui qui parle tout le temps.

LE SUBSTITUT

J'invite le défenseur à faire taire son client. Nous ne pouvons pas juger sainement, si les parties adverses s'obstinent à vouloir s'expliquer toutes les deux à la fois. Qu'est-ce que vous dites ?... La partie civile ?... Je vous demande pardon, ce n'est pas la partie civile. Quoi ?... Pas du tout ! c'est votre client ! Je vous dis que c'est votre client ! Je sais ce que je dis, peut-être.

BARBEMOLLE

J'en demande bien pardon à mon honorable contradicteur, mais ce n'est pas mon client,

(Ensemble.)

(Ensemble.)

c'est la partie civile qui fait tout ce scandale. Parfaitement, c'est M. Alfred. Il ne faut pas non plus faire prendre aux gens des vessies pour des lanternes, et mettre tout sur le dos du même. Je vous demande pardon aussi, c'est vous qui êtes dans l'erreur.

LE PRÉSIDENT

Ah ça! est-ce que ça va durer longtemps? A-t-on jamais rien vu de pareil? Bon. Voilà le substitut qui s'en mêle à présent, et l'avocat qui se met de la partie! Monsieur le substitut, je vous invite à vous taire; et vous aussi, maître Barbemolle; vous n'avez pas la parole. Assez! assez!... Ma parole d'honneur, c'est une maison de fous ici!

(Toute cette scène, qui demande à être réglée avec soin, est tenue dans le tohu-bohu, tout le monde parlant en même temps, chacun des acteurs s'obstinant à vouloir, de sa voix, dominer la voix des autres. — Enfin, silence.)

LE PRÉSIDENT, *à Alfred.*

Oui ou non, voulez-vous vous taire?

ALFRED

Oui.

LAGOUPILLE

Eh bien! il n'est que temps!

LE PRÉSIDENT, *à Lagoupille.*

Et vous?

LAGOUPILLE

Je le ferme.

LE PRÉSIDENT

Quoi?

LAGOUPILLE

Mon seau de propreté. Contre la force il n'y a
pas de résistance... C'est égal, un client comme
moi, un vieil habitué, en justice! Elle est un peu
raide tout de même!

L'HUISSIER

Silence, donc!

LE PRÉSIDENT, à *Alfred*.

Je vous écoute. De quoi vous plaignez-vous,
monsieur?

ALFRED

Monsieur! je suis limonadier rue Notre Dame-
de-Lorette, où je tiens un petit café à l'enseigne
du *Pied qui remue*. Maison bien notée, j'ose le dire :
rien que des habitués, de braves gens qui viennent
faire le soir leur petite partie en prenant leur demi-
tasse.

LAGOUPILLE

Vous devriez être honteux, monsieur Alfred, de
parler de vos habitués après que vous vous êtes
conduit comme un cochon avec votre plus an-
cien client. Et encore... comme un cochon!... c'est
comme deux cochons que je devrais dire!... comme
trois cochons!... comme quatre cochons!... comme
cinq cochons!... comme...

LE PRÉSIDENT

Ça va durer longtemps, ce défilé de cochons? Je
vous ai déjà dit de vous taire!

LAGOUPILLE

C'est bon, je le referme!

LE PRÉSIDENT

Quoi ?

LAGOUPILLE

Mon seau de propreté.

LE PRÉSIDENT

Continuez, monsieur Alfred.

ALFRED

M. Lagoupille, en effet, est un de mes plus anciens clients.

LAGOUPILLE

Cinq ans que je fréquente la maison! Plus de cent mille francs que j'y ai laissés !

ALFRED

Mais Dieu sait depuis combien de temps je l'aurais flanqué à la porte, sans la crainte de faire de l'esclandre!... Figurez-vous que cette espèce de sans le sou, qui n'a jamais pris plus d'une consommation...

LAGOUPILLE

Une consommation !

L'HUISSIER

Silence!

LAGOUPILLE

J'en prends sept.

BARBEMOLLE

Nous le prouverons.

LE PRÉSIDENT

C'est bien, maître; tout à l'heure!

ALFRED

Figurez-vous, dis-je, que cette espèce de sans le sou qui n'a jamais pris plus d'une consommation...

— je jure que c'est la vérité! — est d'une exigence révoltante! Il arrive, et, tout de suite, voilà la comédie qui commence : « Garçon! un café! »

LAGOUPILLE

Un café! Naturellement, un café!... Si je vais au café, c'est pour prendre un café... ce n'est pas pour prendre un lavement!... (*Il hausse les épaules.*)

BARBEMOLLE

C'est évident!

ALFRED

Bon! On lui apporte un café. « Garçon, les journaux! »

LAGOUPILLE

Et après? J'ai le droit de lire les journaux, peut-être!

BARBEMOLLE

Ça crève les yeux!

ALFRED

Bon! On lui apporte les journaux! Tous! notez bien; il les lui faut tous, à ce monsieur! Une fois qu'il a les journaux : « Garçon, les cartes! »

LE PRÉSIDENT

Pour quoi faire?

ALFRED

Pour se faire des réussites.

LAGOUPILLE

Si ça m'amuse, moi? C'est mon droit, de me tirer la bonne aventure.

BARBEMOLLE

Parbleu!

ALFRED

Bon ! On lui apporte des cartes. « Garçon, le jacquet ! »

LE PRÉSIDENT

Le jacquet !... Pour jouer tout seul ?

LAGOUPILLE

Non, pour m'asseoir dessus.

ALFRED

Il trouve que mes banquettes sont trop basses.

LAGOUPILLE

Et trop molles. On est assis comme dans de la pommade, ça me dégoûte.

LE PRÉSIDENT

En supposant, il me semble que le Bottin....

LAGOUPILLE

Impossible ! Je m'en sers pour chercher des adresses.

LE PRÉSIDENT

Il fallait le dire tout de suite. Vous vous en emparez aussi ?

BARBEMOLLE

Dame ! mon client en a besoin pour faire sa correspondance.

LAGOUPILLE

C'est sûr !

LE PRÉSIDENT

Très bien, très bien. Achevez, monsieur Alfred.

ALFRED

Naturellement, privés de journaux...

LE PRÉSIDENT

.. privés de Bottin...

ALFRED

... privés de jacquet...

LE SUBSTITUT

... privés de cartes...

ALFRED

... mes habitués les uns après les autres avaient déserté le *Pied qui remue*. Quelques-uns s'étaient bien rejetés, faute de mieux, sur le domino à quatre ; malheureusement, le raclement de l'os sur le marbre exaspère M. Lagoupille, en sorte que ces pauvres gens, ahuris des rappels à l'ordre et des réclamations continuelles de ce personnage, s'étaient vus rapidement contraints de renoncer à leur suprême distraction. Je les perdis à leur tour !

LE PRÉSIDENT

Je vous crois sans peine.

ALFRED

M. Lagoupille demeura donc le seul client d'une maison jadis florissante. Or, est-ce que l'autre soir, après avoir comme à son ordinaire accaparé tout mon materiel, il n'émit pas la prétention de me faire éteindre le gaz, disant qu'il voulait désormais être éclairé à la bougie ?

LAGOUPILLE

J'ai mal aux yeux !...

ALFRED

Ceci mit le comble à la mesure. Je déclarai à M. Lagoupille que j'en avais par-dessus les épaules et que je le priais d'aller voir ailleurs et si j'y étais. Il me répondit...

BARBEMOLLE, *se levant.*

Je demande la parole, j'ai une question à poser.

LE PRÉSIDENT, *au substitut.*

Monsieur le substitut?...

LE SUBSTITUT

Je n'y vois aucun inconvénient.

LE PRÉSIDENT

Parlez, maître !

BARBEMOLLE

Je désirerais savoir si le plaignant n'a pas passé
en cour d'assises, il y a une quinzaine d'années,
pour attentat à la pudeur !...

ALFRED, *stupéfait.*

Moi !...

LE PRÉSIDENT

Maître !

ALFRED, *hors de lui.*

C'est une infamie ! C'est une abomination ! C'est
de la pure scélératesse !

LE SUBSTITUT

J'invite la partie civile à user de termes plus
modérés.

ALFRED, *les larmes aux yeux.*

Mais enfin, monsieur, c'est odieux ! Je suis un
honnête homme, moi ! Je suis un bon père de fa-
mille ! On peut prendre des renseignements dans
mon quartier !... Et voilà, à cette heure, qu'on
essaye de me déshonorer devant tout le monde, en
répandant des bruits sur moi !

LE PRÉSIDENT

Calmez-vous !

ALFRED

Monsieur, c'est ignoble !

BARBEMOLLE

Je ferai remarquer que le plaignant ne répond pas à ma question. Il préfère se retrancher prudemment derrière des invectives grossières.

ALFRED

A de pareilles insinuations, on ne répond que par le mépris !

BARBEMOLLE

Oui, enfin, tranchons le mot, vous niez ?...

ALFRED

Certes, je nie !

BARBEMOLLE

C'est ce que je voulais vous faire dire. Je n'insiste pas. Le tribunal appréciera. (*Il se rasseoit.*)

LE PRÉSIDENT

L'incident est clos ! Continuez !... Eh bien, parlez, monsieur Alfred !

ALFRED

Parlez !... Parlez !... Je ne sais plus où j'en étais, moi. On me coupe la chique avec des histoires pareilles.

LE SUBSTITUT

Il faudrait en finir, cependant.

LE PRÉSIDENT

C'est mon avis.

BARBEMOLLE

Et le mien.

LE PRÉSIDENT

Où voulez-vous en venir ?

LE SUBSTITUT

Aux termes de la citation, Lagoupille vous aurait frappé ?

ALFRED

D'un coup de poing, oui, monsieur, sur l'œil.

LE PRÉSIDENT

Vous avez des témoins ?

ALFRED

Non ! (*Rires de Barbemolle.*) Qu'est-ce que vous avez à rire ? Je n'ai pas de témoins ? Naturellement ! Où voulez-vous que j'en prenne, des témoins ? puisqu'il avait fait le vide chez moi !

LE PRÉSIDENT

N'interpellez pas la défense. Vous demandez des dommages et intérêts ?

ALFRED

Je demande cinq cents francs.

BARBEMOLLE

De rente ?

LE PRÉSIDENT, à *Alfred*.

Vous pouvez vous asseoir ! Levez-vous, Lagoupille. Qu'est-ce que vous avez à dire ?

LAGOUPILLE

J'ai à dire que M. Alfred se conduit comme un cochon.

LE PRÉSIDENT

Vous l'avez déjà dit. Ensuite ?

LAGOUPILLE

Ensuite, c'est un sale menteur ! Comment, qu'y

dit, je prends une consommation?... J'en prends sept !

ALFRED

Sept ?

LAGOUPILLE

Oui, sept !

ALFRED

Par semaine ?

LAGOUPILLE

Par jour.

ALFRED

Vous vous fichez du monde. Citez-les donc un peu, vos sept consommations. Non, mais citez-les donc, qu'on voie !

LE PRÉSIDENT

Répondez.

LAGOUPILLE

Monsieur, c'est bien simple. J'arrive et je demande un café. Bon, on me sert un verre de café, trois morceaux de sucre, une carafe d'eau et un carafon de cognac.

LE PRÉSIDENT

Ça fait une consommation.

LAGOUPILLE

Ça fait une consommation.

ALFRED

Jusqu'ici nous sommes d'accord !

LAGOUPILLE

Bon ! Je bois la moitié de mon café et je comble le vide avec de l'eau. Ça me fait un mazagran. Deuxième consommation.

ALFRED

Quoi ? Quoi ?

LE PRÉSIDENT

Laissez parler le prévenu.

LAGOUPILLE

Dans mon mazagran, je mets de l'eau-de-vie :
ça me fait un gloria.

ALFRED

Ah çà ! mais...

BARBEMOLLE

Ces interruptions continuelles sont insuppor-
tables. Je supplie la partie civile de laisser mon
client s'expliquer.

LAGOUPILLE

Bon ! Je prends un deuxième morceau de sucre
et je le mets à fondre dans l'eau, ça me fait un verre
d'eau sucrée. Dans mon verre d'eau sucrée, je re-
verse du cognac : ça me fait un grog. Mon grog
bu, je m'appuie un peu de cognac pur, ça me fait
une fine champagne.

LE PRÉSIDENT

Et enfin ?

LAGOUPILLE

Enfin, sur mon dernier bout de sucre, je verse le
restant de mon carafon. J'y mets le feu, ça me fait
un punch. Total : un café, un mazagran, un gloria,
un verre d'eau sucrée, un grog, une fine et un
brûlot. Sept consommations.

LE PRÉSIDENT

C'est exact !

ALFRED

Charmant! Et à la fin du compte, combien est-ce que je touche, moi? Six sous! Et vous croyez que ça m'amuse, après que vous m'avez rasé toute la soirée, d'inscrire six sous à mon livre de caisse?

LAGOUPILLE

Ça vous embête? Eh bien, prenez une caissière

LE PRÉSIDENT

Vous reconnaissez avoir frappé le plaignant?

LAGOUPILLE

Non, m'sieu. Je lui ai mis un marron, voilà tout.

LE PRÉSIDENT

A propos de quoi?

LAGOUPILLE

Il m'avait pris par le bras pour me faire sortir de force, alors je lui ai mis un marron!

LE PRÉSIDENT

Vous ne nous aviez pas dit ça, monsieur Alfred.

BARBEMOLLE

En effet.

ALFRED

Mais, monsieur le Président, il fallait bien que je l'expulse, il ne voulait pas s'en aller.

LE PRÉSIDENT

Il fallait envoyer chercher les agents de la force publique. Vous n'aviez pas le droit de vous faire justice vous-même.

3

BARBEMOLLE

C'est clair comme le jour. (*Alfred tente de placer un mot.*)

LE PRÉSIDENT

Taisez-vous. Maître, vous avez la parole.

BARBEMOLLE, *se levant.*

Plaise au tribunal adopter mes conclusions, renvoyer mon client des fins de la poursuite et condamner la partie civile aux dépens.

Messieurs,

S'il en était de la véritable vertu comme il en est de la femme de César, elle ne serait pas soupçonnée, et je ne connaîtrais pas l'honneur, compliqué de tant d'amertume, d'avoir à la défendre aujourd'hui devant vous. Certes, depuis bientôt vingt ans, qu'apôtre du Dieu de vérité, je combats pour la bonne cause et emprunte mon éloquence, si j'ose user d'un pareil terme, aux seuls élans de mes convictions, j'ai pénétré plus d'une fois les méandres de l'âme humaine. A cette heure (*Fixant du regard M. Alfred.*) j'en touche du doigt les marécages. Je n'abuserai pas de vos instants. Nul plus que moi n'en connaît le prix ; — puis j'ai hâte de frapper le caillou (*Alfred épouvanté met son chapeau sur sa tête.*) d'où va jaillir l'étincelle !

L HUISSIER, *à Alfred.*

Votre chapeau !

BARBEMOLLE

M. Lagoupille est employé de l'État,

LAGOUPILLE

Moi ? Je suis lampiste !

L'HUISSIER

Chut! chut!

BARBEMOLLE

Il appartient à l'une de ces grandes administrations que l'Europe entière nous envie; au Ministère des Affaires Étrangères, où il doit d'occuper un poste de confiance, non à de misérables intrigues, mais à ses mérites personnels! Ah! c'est que, resté veuf après quinze mois de mariage, avec cinq enfants au berceau, il s'est imposé la mission, non seulement de donner la becquée quotidienne à ces petites bouches affamées, mais encore de prêcher d'exemple, à ces défenseurs de demain, l'amour du bien, le culte du travail, la fidélité au devoir et aux institutions libérales qui nous régissent!

Ce qu'est la vie de cet honnête homme? Demandez-le donc à l'aurore, demandez-le au pesant soleil de midi, demandez-le au crépuscule du soir, qui, depuis tant d'années, chaque jour, voient perler la sueur à ce front éternellement courbé sur la tâche!

« Mais, direz-vous, quel couronnement à des journées si noblement remplies? Sans doute, ce chevalier du devoir, les yeux gorgés de volupté, puise dans les obscénités du vaudeville et de l'opérette la détente qu'implore à grands cris la lassitude de son cerveau? Les glaces du pandémonium, où règne en souveraine Terpsichore, — j'ai nommé le Moulin de la Galette, — se renvoient de reflets en reflets les chorégraphiques ébats de cet inlassable travailleur? »

Point!

Il se rend au café! à ce café du *Pied qui remue*

si humble en sa tranquillité, qu'on le croirait échappé à un dizain de l'auteur du *Passant* et de *Severo Torelli*.

LAGOUPILLE, *à mi-voix*.

Victor Hugo.

BARBEMOLLE

Rappelez-vous la définition touchante que vous en a donnée, il y a un instant (*désignant Alfred du doigt*), ce sous gargottier, empoisonneur public. « Maison bien notée ! rien que des habitués ! de braves gens, qui viennent le soir y faire leur petite partie !... » Là ! saturé d'alcool et de bière, demande-t-il aux fumées de l'ivresse l'oubli des misères de la veille, et des soucis du lendemain ? Non ! Il prend une tasse de café !! Une ! Vous entendez bien ?... Une seule ! Et ça, monsieur Alfred, vous ne le nierez pas ; c'est vous-même qui l'avez dit ! N'importe. « Votre client est un pilier de brasserie ! » m'objectait tout à l'heure avec une partialité que je suis le premier à excuser comme il sera le premier à la reconnaître, l'honorable organe du Ministère public.

LE SUBSTITUT, *étonné*.

Je n'ai pas soufflé mot de cela. Je ne sais pas ce que vous voulez me dire.

BARBEMOLLE

Le tribunal me saura gré de ne relever que d'un sourire cette dénégation imprévue.

LE SUBSTITUT

Je vous somme de vous expliquer.

BARBEMOLLE

Je continue.

LE SUBSTITUT

Pas avant d'être entré dans les explications que je suis en droit d'exiger de vous.

BARBEMOLLE

Le président m'a donné la parole; ce n'est pas vous, monsieur le substitut, qui m'empêcherez de m'en servir.

LE PRÉSIDENT

Voyons, messieurs!... Je suis désolé! Monsieur le substitut, je vous en prie! Maître, de grâce!

LE SUBSTITUT

L'incident...

LE PRÉSIDENT, *qui en a assez.*

L'incident est clos!

BARBEMOLLE

Il aura éclairé du moins la religion du tribunal. A lui de distinguer entre l'acharnement dont l'accusation fait preuve et l'esprit de conciliation dont la défense est animée. — Je poursuis. — Mon client, dites-vous, est un pilier de brasserie? (*Muette exaspération du substitut.*) J'y consens. Mais à qui la faute? Au Gouvernement, messieurs, je ne crains pas de le proclamer! Nous avons des salles de travail, Dieu merci! Nous avons des bibliothèques. Or, vous en défendez l'entrée, vous en interdisez l'accès, aux heures où le pauvre, précisément, serait à même d'en franchir le seuil! Et vous reprochez à Lagoupille d'aller chercher, pour y assouvir son amour passionné de l'étude, l'atmosphère pestiférée d'un estaminet de quinzième ordre!... Déri-

sion!... Dérision amère! A ce café du *Pied
qui remue* où il ne vient pas pour boire, il ne vient
pas non plus pour jouer : il vient pour lire les
journaux! Tous les journaux, sans exception!...
Les débats l'ont établi, et cela encore, monsieur
Alfred, vous qui niez tout, vous qui niez toujours,
vous, la négation faite homme, est-ce que vous le
nierez aussi? Non? Hein?... Ah!!! J'ai fini! Et voilà
l'homme qu'on fait asseoir sur ce banc d'igno-
minie qui a vu rougir tant de visages, l'homme
que de misérables rancunes voudraient livrer à vos
rigueurs!... Je livre, moi, à vos dégoûts, la bas-
sesse de tels calculs! Je persiste avec confiance
dans mes conclusions. (*Il se rasseoit.*)

LE PRÉSIDENT

La parole est au ministère public.

LE SUBSTITUT, *qui depuis un instant déjà était
plongé dans la lecture de* L'OFFICIEL, *que lui avait
apporté l'huissier vers la fin de la plaidoirie.*

Ça y est!

LE PRÉSIDENT

Quoi?

LE SUBSTITUT

Je suis révoqué.

LE PRÉSIDENT

Révoqué?

LE SUBSTITUT

Lisez vous-même.

LE PRÉSIDENT, *après avoir lu.*

C'est ma foi vrai! Cher ami... (*Il lui serre la
main.*) Recevez mes condoléances!

BARBEMOLLE

J'y joins les miennes.

LE SUBSTITUT, *aigre-doux.*

Je vous en remercie d'autant plus que vous êtes nommé à ma place.

L'AVOCAT

Moi ?

LE SUBSTITUT

Parfaitement !

LE PRÉSIDENT

C'est exact, tenez. (*Il passe l'*OFFICIEL *à l'avocat.*)

BARBEMOLLE, *lisant.*

« Décrets Présidentiels : Mᵉ Barbemolle, avocat au barreau de Paris, est nommé substitut du Procureur de la République de la Seine, en remplacement de M. de St-Paul-Mépié, révoqué ! »

LE PRÉSIDENT

Tous mes compliments.

LAGOUPILLE

Et les miens.

BARBEMOLLE, *au substitut.*

Mon cher prédécesseur, voici votre journal.

LE SUBSTITUT

Voici ma toque !

LE PRÉSIDENT

Comment, vous nous quittez déjà ?

LE SUBSTITUT

Je serais le dernier des idiots, si je continuais à servir, fût-ce une minute, un gouvernement qui se conduit avec moi...

LAGOUPILLE

Comme un cochon.

LE SUBSTITUT

J'allais le dire. Adieu! je vais traduire Horace.
Que le Seigneur vous tienne en santé et en joie!
(*Il sort.*)

SCÈNE VII

LES MÊMES, MOINS LE SUBSTITUT

LE PRÉSIDENT

Bonjour, mon ami, bonjour. Il a l'air vexé.

L'HUISSIER

Plutôt.

LE PRÉSIDENT

Tout de même, il n'est pas gentil. Me voilà
obligé de renvoyer à plus tard les débats de l'affaire Lagoupille.

BARBEMOLLE

Pourquoi ?

LE PRÉSIDENT

Je ne puis rendre un jugement qui serait certai-
nement infirmé par la Cour de Cassation, le tribunal n'étant plus au complet.

BARBEMOLLE

Je suis là.

LE PRÉSIDENT

Je le vois bien.

BARBEMOLLE

Eh bien?

LE PRÉSIDENT

Je n'ose comprendre... Vous consentiriez ?...

BARBEMOLLE

Je croirais manquer à tous mes devoirs si je ne répondais, dès son premier appel, à la confiance qu'a daigné me témoigner le gouvernement de la République.

LE PRÉSIDENT, *après avoir salué.*

Puisqu'il en est ainsi... (*Lui indiquant du doigt le siège du ministère public.*) La place est encore chaude... J'ajoute qu'elle m'est heureuse à vous y rencontrer.

BARBEMOLLE

Monsieur le Président... (*Il lui serre la main, puis va occuper la place que le départ du substitut a laissée vide.*)

LE PRÉSIDENT

Vous êtes prêt à requérir ?

BARBEMOLLE, *la toque à la main.*

Je suis aux ordres du tribunal.

LE PRÉSIDENT

Dont acte. L'audience continue. Monsieur le substitut, vous avez la parole.

BARBEMOLLE

Après la plaidoirie si éloquente et si persuasive que vous venez d'entendre, je ne saurais m'illusionner sur la difficulté de la tâche qui m'incombe. Si loin de la main qu'il m'apparaisse, j'atteindrai cependant, je l'espère, au but que je poursuis ici, avec l'aide du Dieu de Justice dont je suis l'indigne interprète. « J'emprunte mon éloquence à ma seule

conviction » vous a déclaré le défenseur; j'emprun-
terai la mienne, je le jure, à ma seule sincérité.
J'arrive sans plus de préambules à la discussion
des faits.

A l'aide d'habiletés oratoires, que je proclame
et réprouve à la fois, mon honorable contradicteur vous a tracé, de Lagoupille, une silhouette
quelque peu flatteuse, j'oserai dire quelque peu
flattée... Homme de bien! chevalier du devoir!
père de cinq enfants en bas-âge... Voici, je l'avoue,
des titres peu communs à la clémence du juge
éclairé et intègre chargé de présider ces débats.
Quel homme serait-il, en effet, s'il tenait sa porte
fermée à la Vertu venant lui demander droit d'asile,
ses lettres de créance à la main? Malheureusement,
entre le portrait et le modèle, il y a place pour une
lamentable, pour une écœurante vérité! Nous avons
assez ri, passons aux choses sérieuses! Les feux
d'artifice sont éteints, faisons, à présent, la lu-
mière!

Je n'irai pas par quatre chemins. Lagoupille,
l'honnête Lagoupille, est ce qu'on appelle une
gouape dans les meilleures sociétés. Lampiste par
profession (car il n'est pas plus fonctionnaire qu'il
n'est père de cinq enfants), lampiste, dis-je, par
profession, mais ivrogne par caractère, il est, mon
Dieu, comme Grégoire! il passe tout son temps
à boire. Et ce n'est pas lui, j'imagine, qui m'en don-
nera le démenti! Avec ce tranquille cynisme propre
aux alcooliques invétérés, il vous l'a déclaré lui-
même : au seul café du *Pied qui remue* (*ab uno
disce omnes*), depuis des années, chaque soir, il

absorbe sept consommations! Vous avez bien
entendu? Sept consommations par soirée! Soit
quarante-neuf consommations par semaine. Deux
cent dix par mois! Deux mille cinq cent cinquante-
cinq par an, et deux mille cinq cent soixante-deux
quand l'année est bissextile!!!

Encore, si la conscience des turpitudes dont il
s'abreuve — je chercherais vainement un terme
plus adéquat à la nature de mon sujet — lui criait
de les aller cacher, comme on cache une plaie
fétide, en les ténèbres d'un bouge! Ah! je vous
crierais, moi : Pitié! car toute étincelle n'est pas
morte! Grâce! car en cette pudeur suprême il nous
est permis de saluer un espoir de rédemption!

Mais non!

Portant fièrement la honte d'être abject, c'est
sous le regard des honnêtes gens qu'il prétend
étaler son vice, en ce café du *Pied qui remue* dont
la défense, si éloquemment, tout à l'heure, évoquait
la vision charmante, j'oserai presque dire familiale!
Car il faut à la corruption cette triste volupté :
corrompre! (*Désignant Lagoupille du doigt.*) Il faut
le lit chaste de la vierge à l'opprobre de cette fille
publique! Il faut le calice de la rose à la bave de
cet escargot!

Bien mieux! fleur de débauche et de fainéantise,
incarnation du pâle voyou dont jadis le poète des
Iambes marqua la hideur au fer rouge, en un vers
qui ne périra pas, cet homme méprisable, taré,
essaie d'arracher par surprise à l'ignorance de la
foule un peu de cette considération dont est affamée
l'infamie. Tel un porc qui aurait volé pour s'en

revêtir la robe auguste du lion, il ne craint pas de
se faire passer pour fonctionnaire de l'Etat! souil-
lant ainsi — ah! songez-y! songez-y, je vous en
conjure! — l'antique prestige de notre adminis-
tration nationale, et sapant, d'une main meurtrière,
les bases mêmes de la société.

J'ai dit!

Le prévenu spontanément a reconnu les faits qui
lui sont reprochés. Je n'ai donc pas à en discuter
l'évidence. Je me bornerai à appeler sur lui les
sévérités de la loi, et à revendiquer, de votre esprit
de justice, un châtiment exemplaire, au nom des
intérêts immenses qui en dépendent.

LE PRÉSIDENT, *à Alfred.*

Vous n'avez rien à ajouter?

ALFRED

Non, monsieur le Président.

LE PRÉSIDENT, *à Lagoupille.*

Et vous?

LAGOUPILLE

Je réclame mes dix francs...

BARBEMOLLE, *plein de dignité.*

Louis XII ne paye pas les dettes du duc d'Or-
léans.

LAGOUPILLE

Eh bien! il se conduit comme un cochon.

LE PRÉSIDENT, *sévère mais juste.*

Vous n'êtes pas ici pour apprécier l'histoire. (*Il
se couvre et prononce.*)

*Le tribunal, après en avoir délibéré conformément
à la loi :*

Attendu qu'Alfred, limonadier à Paris, a introduit une plainte contre Lagoupille, comme ayant reçu de celui-ci...

LAGOUPILLE, *à mi-voix.*

Un marron...

LE PRÉSIDENT

... *Un marron...* Euh... Taisez-vous donc, Lagoupille!... *un coup de poing en plein visage; qu'il s'est porté partie civile et qu'il réclame cinq cents francs à titre de dommages-intérêts;*

Attendu qu'il appert clairement des débats que Lagoupille, par le désagrément de son commerce et ses exigences sans nom, a réussi à mettre en fuite la clientèle habituelle du café du « Pied qui remue », et contribué ainsi, dans une large mesure, à la déconfiture de cet établissement; que, dans ces conditions, les prétentions d'Alfred ne paraissent nullement excessives... »

ALFRED, *à part.*

Si j'avais su, j'aurais demandé dix mille francs.

LE PRÉSIDENT

« *Attendu enfin que Lagoupille ne nie point s'être livré sur la personne du limonadier Alfred à la voie de fait qui est l'objet de la poursuite; qu'il semble venir, de lui-même, se placer sous le coup de la loi, et qu'il y aurait lieu dès lors de lui faire application de l'article 311 du code pénal, ainsi conçu : « Lorsque* » *les coups et violences exercés n'auront occasionné* » *aucune maladie, le coupable sera puni d'un em-* » *prisonnement de six jours à deux ans. »*

ALFRED, *au comble de la joie.*

Deux ans de prison! Deux ans de prison!

LE PRÉSIDENT

Mais d'autre part :

Considérant qu'Alfred ne justifie de l'acte de brutalité dont il aurait été victime, ni par un témoignage, ni par un procès-verbal, ni par un certificat de médecin ; que le juge ne saurait, sans contrevenir gravement à la procédure en usage, et notamment aux articles 154, 155 et 189 du Code d'instruction criminelle, accueillir une réclamation dont le bien fondé n'est établi que par les affirmations de l'intéressé ;

Considérant d'ailleurs que si, en réalité, Alfred a reçu...

LAGOUPILLE, *à mi-voix*

Un marron !

LE PRÉSIDENT

Un marron... Euh !... Je vais vous faire sortir, Lagoupille !... *un coup de poing dans la figure, il n'a eu que ce qu'il méritait, ayant par des provocations, ainsi qu'il l'a reconnu lui-même, contraint et forcé Lagoupille à user de son droit de légitime défense ;*

LAGOUPILLE, *à mi-voix.*

Très bien !

LE PRÉSIDENT

Attendu qu'il arguë en vain du refus opposé par Lagoupille à ses invitations d'avoir à quitter sur l'heure le café du « Pied qui remue... » ; qu'en effet, aux termes de nombreux jugements confirmés par autant d'arrêts de cours d'appel, un café étant un lieu public, pleine et entière liberté est laissée à tout un chacun, non seulement d'y pénétrer, mais encore

*d'y séjourner aussi longuement qu'il juge à propos,
à charge par lui, bien entendu, de n'y faire aucun
scandale ;*

LAGOUPILLE, *à mi-voix.*

Très bien !

LE PRÉSIDENT

*Considérant qu'en l'espèce, Lagoupille, en aucune
circonstance, ne semble avoir scandalisé la moralité
des clients du café du « Pied qui remue », soit par
l'inconvenance de ses gestes, soit par la licence de
ses propos, soit par l'exhibition publique des intimités
de son individu ; que par conséquent, en tentant de
l'expulser de force, Alfred a outrepassé les pouvoirs
que lui confèrent la jurisprudence et les règlements
de police ;*

Par ces motifs :

Acquitte Lagoupille.

LAGOUPILLE

Très bien !

LE PRÉSIDENT

*Déclare Alfred mal fondé en sa plainte, l'en dé-
boute, et le condamne aux dépens.*

L'audience est levée.

RIDEAU

ÉMILE COLIN — IMPRIMERIE DE LAGNY

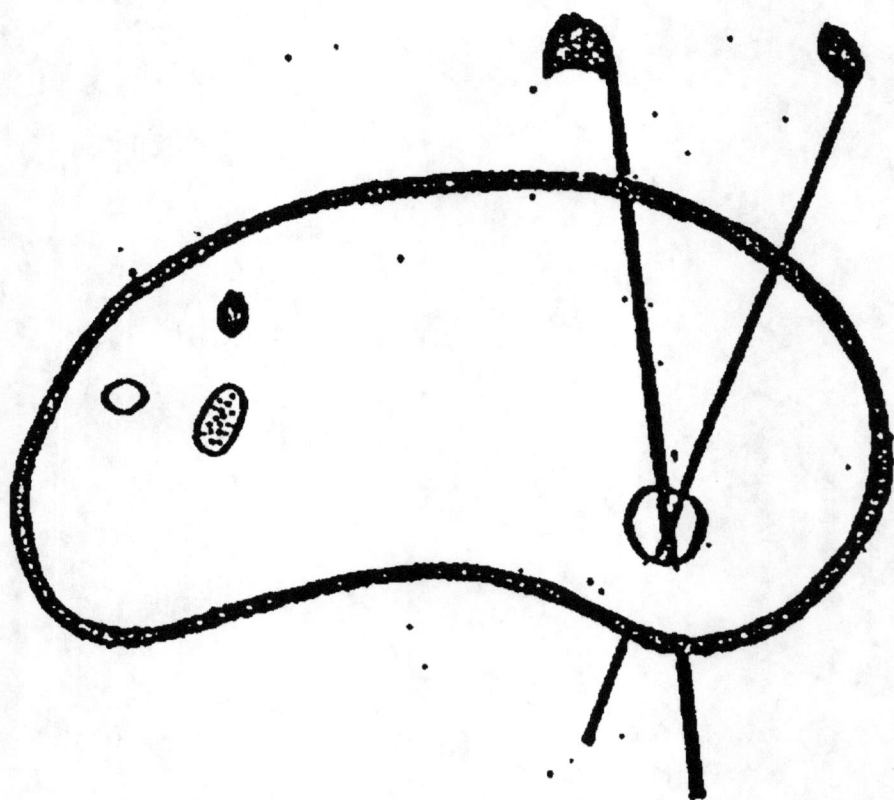

ORIGINAL EN COULEUR
NF Z 43-120-8

www.ingramcontent.com/pod-product-compliance
Lightning Source LLC
LaVergne TN
LVHW022154080426
835511LV00008B/1381